# UNE AMIE

COMÉDIE EN UN ACTE ET EN VERS

———

Représentée pour la première fois, à Paris, au Théâtre-Français,
le samedi 9 septembre 1865.

PARIS. — IMPRIMERIE POUPART-DAVYL ET Cᵉ, RUE DU BAC, 30.

# UNE AMIE

COMÉDIE EN UN ACTE ET EN VERS

PAR

EMILE BERGERAT

*PARIS*

ACHILLE FAURE, LIBRAIRE-ÉDITEUR

23, BOULEVARD SAINT-MARTIN, 23

1865

Je n'ai que des remercîments à faire ; j'avoue que j'en suis tout surpris et que mon bonheur m'effraie quand j'y songe. Hâtons-nous donc de payer notre agréable dette, de peur de ne plus rencontrer de tels créanciers.

*Ab ovo :* Merci d'abord à M. GUILLARD, qui, non content de sacrifier ses instants précieux à débrouiller mon horrible griffonnage, m'a soutenu, jusqu'au bout, de ses conseils et de ses encouragements.

Merci à M. THIERRY pour son inaltérable patience. Chacun se plaît à reconnaitre ce goût exquis, ce tact admirable des nuances qui en font le chef nécessaire du premier théâtre de l'univers ; mais moi je vous parlerai de sa patience !...

Merci à M. DAVENNE, l'homme de toutes les complaisances. A lui je dois ma réception, et je souhaite un pareil lecteur aux timides et un pareil aide aux inexpérimentés.

Merci à M. LEROUX, qui a mis au service de ma jeunesse son talent profond et sa science parfaite du théâtre. Si mon *Richelieu* vaut quelque chose, la gloire en est à

M. Leroux, qui me l'a pris des mains tel que vous pouvez le lire et me l'a rendu tel que vous pouvez le voir.

Que dire à madame BROHAN? Elle sauve par son talent d'artiste et sa beauté de femme un rôle essentiellement passif et nécessairement irrésolu. Chose rare pour un artiste de cet ordre, elle sait écouter, et j'avoue en toute humilité que ma pauvre *marquise* n'a guère que cela à faire. Deux fois merci à madame Brohan, puisqu'il y a du dévouement dans sa complaisance.

Arrivons à vous, mon cher maître. Comme l'avare, je vous ai gardé pour le dernier. Laissez-moi vous témoigner ici toute la reconnaissance que je vous dois. On est heureux de rencontrer sur son chemin des amis tels que vous, et je voudrais, pour mon compte, faire partager à tout le monde l'amitié que je vous porte. Voilà pourquoi j'inscris votre nom en tête de cette œuvre de jeunesse que vous avez vue naître, je dirais presque que vous avez fait naître. Au point de vue littéraire, ce n'est peut-être pas un mets bien friand, mais j'espère vous offrir mieux si Dieu me prête vie — et si vous me prêtez conseil.

EMILE BERGERAT.

Limours, 19 août 1865.

A

MON CHER MAITRE ET AMI

# M. JULES THIÉNOT

*Son Élève reconnaissant,*
ÉMILE BERGERAT.

# PERSONNAGES :

LA MARQUISE. ............... M<sup>me</sup> MADELEINE BROHAN.
RICHELIEU. .................. M. LEROUX.

---

Petit salon pompadour ; fenêtres au fond ; portes latérales. — Cheminée à gauche, masquée par une ottomane. — Guéridon au centre, table chargée de livres à droite. — Fauteuils, chaises, etc.

La scène se passe au XVIII<sup>e</sup> siècle.

# UNE AMIE



## SCÈNE PREMIÈRE.

### RICHELIEU, LA MARQUISE.

RICHELIEU.

Madame... Hortense...

LA MARQUISE.

Non.

RICHELIEU, *sortant une tabatière.*

Madame la marquise,
Voulez-vous, s'il vous plait, accepter une prise?

LA MARQUISE.

Vous êtes un vilain; laissez-moi...

RICHELIEU.

Le tabac
Est, me disait *Tronchin*, très-sain à l'estomac;
Il chasse les humeurs que nous nommons... jalouses,
Aveugle les maris au profit des épouses...

LA MARQUISE.

Je vous déteste.

RICHELIEU.

Mais son plus doux agrément
Est de raccommoder l'amante avec l'amant...

LA MARQUISE.

Oh ! non.

RICHELIEU.

Il a, parmi ses vertus singulières,
Celle de préférer les riches tabatières :
Dans les chambres d'émail il se tient mieux au frais...

LA MARQUISE, à part.

Dire que pour un mot je lui pardonnerais !

RICHELIEU.

*Ravechel* fait très-bien ces boîtes; la matière...
Voulez-vous accepter au moins la tabatière ?

LA MARQUISE, se retournant.

Infidèle !

RICHELIEU.

Non pas, je suis au rendez-vous.
Je vous prie, acceptez.

LA MARQUISE.

Je ne veux rien de vous.
Quel plaisir trouvez-vous à mentir de la sorte,
A changer, chaque jour, votre masque à la porte ?
Sont-ce là vos serments gros de fidélité ?
Vous aimez quinze jours, c'est votre éternité !
Ces grands amours s'en vont où s'en vont vos paroles,
Au vent ! et l'on vous croit ! Que les femmes sont folles !
Nous nous prenons toujours à ce piége éternel.
Mais qui donc vous apprend à tromper ?...

RICHELIEU.

*Ravechel*
M'a juré ses grands dieux que c'était son chef-d'œuvre.
La main-d'œuvre en effet... regardez la main-d'œuvre.

LA MARQUISE.

Laissez donc cette boîte, et venez près de moi
Justifier enfin votre manque de foi.

RICHELIEU s'asseyant auprès d'elle.

Mais voilà bien longtemps que je me justifie.

LA MARQUISE.

Vous justifier, vous ! ah ! je vous en défie !
On vous a vu, monsieur, hier, chez *la Guerbois*
Glisser dans quatre mains des poulets ; — cette fois
Le nierez-vous ?

RICHELIEU.
Qui sait ?

LA MARQUISE.
Faut-il que je précise
Les noms ?

RICHELIEU.

Vous les savez? précisez-les, marquise.

LA MARQUISE.

Madame de *la Roche*, une rousse aux yeux verts,
Dont les petits paniers sont toujours de travers.
Vous voyez que je sais. Les autres sont pareilles.
Madame *de Vignon*, dont les pendants d'oreilles
Balayent les chemins, et ses autres défauts!...
Madame *de Courtville*, avec son chignon faux
Et ses crocs de devant.— Trois.— Madame *de Tulle*,
Avec son griffon jaune et son nez ridicule...
C'est encor du bel air, et presque de la cour,
Passe; mais vous tombez jusque dans le faubourg!
Si c'était tout encor!

RICHELIEU.

Peste! encore autre chose?

LA MARQUISE.

Il l'ose demander, ah! le méchant, il l'ose,
Et je viens de le voir débiter ses caquets
A Marton, ma servante, une fille à laquais!
C'est être, mon cher duc, trop porté sur sa bouche!

RICHELIEU, se levant.

Un homme de mon rang élève ce qu'il touche,
Madame. — Mais où tend, et par quel à propos,
Ce sermon si chargé des plus terribles mots?
Je reçois à Versaille un billet qui m'invite
A venir, sans tarder, voir ma déesse... — Vite,
Je quitte tout, la cour et les princes, friand
D'un souper amoureux et d'un amour riant;

Dédaignant les soupirs de vingt beautés hautaines,
J'accours à ce souper comme un cerf aux fontaines,
Et vous me recevez, ainsi que *Massillon*
Accueillerait le diable... à coups de goupillon !
Sur de légers soupçons qu'après tout rien n'atteste...

LA MARQUISE.

Oh !

RICHELIEU.

Que ma vanité dédaigne...

LA MARQUISE.

Elle est modeste,

La vanité !

RICHELIEU.

Du tout.

LA MARQUISE.

Si, très-modeste !

RICHELIEU.

Non ;

On abuse beaucoup, Hortense, de mon nom.

LA MARQUISE.

Vous ne récusez pas au moins ce qu'on vous prête...

RICHELIEU.

Mais je ne confonds pas l'amour et l'amourette.

LA MARQUISE.

Je vois que les cancans vous laissent assez doux.

RICHELIEU.

J'aime à voir, quand je passe, aboyer les jaloux.

LA MARQUISE.

Oh! vous ne m'aimez pas!

RICHELIEU.

Y songez-vous, marquise?
Je ne vous aime pas! — Faut-il que je vous dise
Jusqu'où va cet amour?

LA MARQUISE, près du guéridon.

Prenez la balle au bond
Et dites-le toujours, monsieur le vagabond.

RICHELIEU, reprenant sa boîte.

Cette boîte d'émail me servira de preuve.

LA MARQUISE.

Elle est de *Ravechel*, après?

RICHELIEU.

L'idée est neuve
Et la mode en prendra. — Poussez ce diamant,
Et la divinité dont mon cœur est amant,
Comme je suis sans peur, me verra sans reproche.

LA MARQUISE.

Le ravissant bijou!

(Elle pousse le bouton, la boîte s'ouvre; une petite planchette se
dresse qui représente une miniature de la personne à qui on offre
la tabatière. — Elle pousse un cri et se lève.)

Madame de *la Roche!*

RICHELIEU, à part.

Aïe! je me suis trompé de boîte! — j'ai perdu!

LA MARQUISE, lui montrant la boîte.

Êtes-vous confondu?

RICHELIEU.

Je suis donc confondu !

LA MARQUISE.

Et... quelle est votre excuse?

RICHELIEU.

Ah ! je n'en cherche aucune :
Le tort n'est pas à moi, mais bien à la fortune.
Elle a fléchi sous moi, c'est rare, Dieu merci !

LA MARQUISE.

Et ce mensonge affreux l'a-t-elle fait aussi?

RICHELIEU.

Si l'on ne mentait pas en amour comme en guerre,
On vaincrait rarement et l'on n'aimerait guère.

LA MARQUISE.

Je voudrais voir comment vous franchirez ce pas.

RICHELIEU, prenant son chapeau.

Ce que je vous dirai, vous ne le croirez pas.

LA MARQUISE.

Essayez.

RICHELIEU.

La meilleure excuse est de me taire.
L'Amour a sur les yeux un bandeau volontaire,
Car il sait que le cœur est un gouffre profond
Dont il est dangereux de mesurer le fond ;
Aussi, de peur d'y voir, en aveugle il voltige ;
Vouloir sonder, c'est être amoureux du vertige...
Voilà pourquoi je dis que la fortune a tort.

LA MARQUISE, près de la table.

Ce paradoxe-là vous tient lieu de remord?

RICHELIEU.

Le pardon est facile et le mal sans remède...
Au nom de quinze jours heureux...

LA MARQUISE.

Elle est trop laide!

RICHELIEU.

Ah bah!

LA MARQUISE.

Regardez.

RICHELIEU.

Non; vous vous y connaissez;
Elle doit être affreuse, et c'est m'en dire assez.
Ai-je pu délaisser une femme adorable
Pour une rousse aux yeux... Par la fourche du diable!
Je suis un vrai manant! Comment j'ai pu trahir!...
Marquise, il faut me plaindre et non pas me haïr...

LA MARQUISE, se levant.

Je fais plus.

RICHELIEU, à part.

Allons donc!

LA MARQUISE.

J'oublie... à tort peut-être!

RICHELIEU.

Et vous me rendez?...

LA MARQUISE.

Quoi?

RICHELIEU.

Votre amour?

LA MARQUISE.

Non, mon maître,

C'est en demander trop! — Je vous rends la moitié...

RICHELIEU.

De l'amour?

LA MARQUISE.

Je vous rends toute mon *amitié*.

RICHELIEU.

Merci.

LA MARQUISE.

Mon amitié, c'est déjà quelque chose.

RICHELIEU.

L'amitié d'une femme est, dit-on, une rose
Sans épines. — Je sais que de certains croquants
Délaissent les parfums par crainte des piquants ;
Mais moi, je ne suis pas de cette humeur modeste :
Les épines me font mieux savourer le reste ;
J'adore les parfums, et pour moi, Richelieu,
L'amitié c'est beaucoup, certes, — mais c'est trop peu !

LA MARQUISE.

L'amitié vous déplaît dans une femme aimée?

RICHELIEU.

Oui, comme après le feu me déplaît la fumée.

LA MARQUISE.

Je vous en prie, Armand, ne me refusez point
Cette pure amitié dont mon cœur a besoin.

Je ne demande point une chose impossible :
Après tout, l'amitié n'est qu'un amour... paisible,
Et si, dans ce bas-monde, **existe le bonheur**,
Il est dans l'habitude et l'amitié.

RICHELIEU.

D'honneur,

Voilà le paradis, mais, foi de galant homme !
Je ne prise que peu ce paradis sans pomme.

LA MARQUISE, l'entraînant peu à peu vers le sofa.

Vous autres, amoureux aveugles du plaisir,
Vous ne voyez en nous qu'une proie à saisir :
Dans l'abnégation vous gardez l'égoïsme,
Et vous aimez pour vous, non pour aimer ! — Le prisme
De l'inconnu vous tente, et, comme les enfants,
Vous aimez les jouets tant qu'ils sont aux marchands.
Mais l'amitié n'est pas un caprice, et réclame,
Pour vivre, le regard vigilant d'une femme,
Et ces soins maternels qui nous prennent nos jours ;
Vous n'avez pas ce tact, et vos doigts sont trop lourds.
Notre constance à nous vous semble une chimère ;
Mais vous ne savez pas que toute femme est mère.
L'homme hait vos défauts, la femme en a pitié ;
L'indulgence du cœur conduit à l'amitié...
Connaissant les secrets de la faiblesse humaine,
Nous vous laissons la joie et nous gardons la peine...
La nature a laissé, comme un dernier bienfait,
Sur nos lèvres de femme une goutte de lait.
Mais nous avons aussi de la sagesse en tête.
Si nous nous en allons parfois à l'aveuglette,

Nous savons bien au moins diriger nos amis ;
Je veux vous diriger, mais vous serez soumis.
Ainsi c'est entendu : me voilà votre amie.
Comme une sœur aimante et jamais endormie,
Je prends tous les devoirs, mais aussi tous les droits
Dont jouissait sur vous votre mère autrefois.

RICHELIEU.

Je veux bien ; cependant...

LA MARQUISE.

Il refuse ! il refuse !

RICHELIEU.

Moi ?

LA MARQUISE.

Votre *cependant* me présage une excuse.

RICHELIEU.

Au contraire ; soyez mon amie à jamais,
Ce sera divin ; mais...

LA MARQUISE.

Je ne veux pas de *mais*.

RICHELIEU.

Permettez...

LA MARQUISE.

Non ; laissez ce *permettez* funeste :
Ce *permettez* m'effraie et me gâte le reste.

RICHELIEU.

Je...

LA MARQUISE.

Non.

RICHELIEU.

Je...

LA MARQUISE.

Non, non, non.

RICHELIEU.

Je vous aime, morbleu !

LR MARQUISE.

Il faut m'aimer assez pour ne m'aimer qu'un peu.

RICHELIEU.

Laissez-moi dire un mot...

LA MARQUISE.

Non ; il ne faut rien dire.

RICHELIEU.

Un mot...

LA MARQUISE.

Non.

RICHELIEU, s'emportant.

Ah ! tudieu ! je me... je me retire.

LA MARQUISE, se dirigeant vers la porte.

C'est ainsi ? je m'enferme en mon appartement.

RICHELIEU.

Que signifie ?...

LA MARQUISE, avec un grand salut.

Adieu, monsieur.

(Exit la marquise.)

## SCÈNE II.

RICHELIEU, seul.

        Comment? vraiment,
Elle me quitte? — Alors c'est sérieux! — Mazette!
Je ne m'attendais pas à cela; — l'alouette
Propose à l'oiseleur un pacte d'amitié...
Comme on dit aujourd'hui, j'en suis... stupéfié!
Est-il jamais passé dans un esprit malade
Un projet plus bizarre, un rêve plus maussade?
Son ami, moi!... — Tant pis! je me sens curieux
De voir si je pourrai garder mon sérieux.
Ah! ah! ah! son ami! Que pourrai-je lui dire
Pour être cet ami sans éclater de rire?
Voyons. —
        (Il frappe à la porte.)
    Marquise...


## SCÈNE III.

LA MARQUISE, RICHELIEU.

LA MARQUISE, de l'intérieur.

      Quoi! vous n'êtes pas parti?

RICHELIEU.

Je consens à tout.

LA MARQUISE.

Vrai?

RICHELIEU.

J'en ai pris mon parti.

LA MARQUISE, entr'ouvrant la porte.

Vous êtes mon ami ?

RICHELIEU.

Mais je le suis, vous dis-je ;
Je sens que je deviens ami jusqu'au prodige.

LA MARQUISE, entrant.

Bien vrai ?

RICHELIEU.

Faut-il jurer ?

LA MARQUISE.

Non ; laissez les serments ;
Nous sommes entre amis et non pas entre amants.

RICHELIEU.

L'amitié m'apparaît avec son charme austère,
Et Richelieu pour elle a les **yeux** de Voltaire.
Nous allons nous aimer comme on ne s'aime plus.

LA MARQUISE.

Qu'entre amis !

RICHELIEU.

Soit. — Dans les ouvrages que j'ai lus,
(Je parle des anciens) un modèle me tente...
Castor et Pollux !

LA MARQUISE.

Oh! le voilà qui plaisante!

RICHELIEU.

Moi?

LA MARQUISE.

Que vient faire ici Pollux ou bien Castor?

RICHELIEU.

Ils sont pour les amis des modèles encor.

LA MARQUISE.

L'exemple des anciens même ici nous gouverne?

RICHELIEU.

Mais l'amitié n'est pas d'invention moderne.

LA MARQUISE.

L'amitié ne vit pas des grands hommes éteints,
Comme la Tragédie et les pédants latins.

RICHELIEU.

De quoi vit-elle donc? d'eau claire?

LA MARQUISE.

                            Je suppose,
De conversation ou de toute autre chose.

RICHELIEU.

Eh bien, causons alors.

LA MARQUISE.

Causons...

RICHELIEU.

                  Causons...

LA MARQUISE.

Causons.

(Ils s'assoient au guéridon.)

RICHELIEU.

De quoi?

LA MARQUISE.

De tout : — l'esprit a mille liaisons...
Il suffit d'un seul mot pour entrer en campagne;
On bâtit sur un mot des châteaux en Espagne;
Une mouche qui vole, un rien, un son, un bruit,
Et nous allons jaser d'ici jusqu'à minuit.

RICHELIEU.

Minuit?

LA MARQUISE.

Et pourquoi pas?

RICHELIEU.

L'heure est indifférente,
Car vous avez vingt ans et j'en ai presque trente.
Nous allons nous confire en de chastes élans
Ainsi que les vieillards de quatre-vingt-quinze ans.
Approchons-nous du feu, madame la marquise.

LA MARQUISE.

En juin, du feu?

RICHELIEU, imitant les vieillards.

Broûmm! — l'hiver sévit! — la bise
Est rude. — La fenêtre est close? et les volets?
Bon; nous allons causer les pieds sur les chenets.

Ma canne?... ai-je ma canne?... ai-je ma tabatière?...
Avez-vous vu ma tab......?

LA MARQUISE, vivement.

Laissons cette matière ;
Il ne faut pas parler de tabatière ici.

RICHELIEU, ton naturel.

De quoi faut-il parler? dites-le donc aussi ;
Dites ce mot, ce rien, ce son, ce quelque chose
Qui doit donner l'élan !... — Causons, il faut qu'on
Dites.                                    [cause !

LA MARQUISE.

Soit. — « Il fait beau ! »

RICHELIEU.

« Superbe ! » — A vous.

LA MARQUISE.

Moqueur !

RICHELIEU.

Comment? mais je causais du profond de mon cœur.
C'était intéressant !

LA MARQUISE.

Est-ce ainsi que l'on cause?

RICHELIEU.

Non ; Castor et Pollux devaient dire autre chose :
Et, même au coin du feu, je crois que les vieillards
Ont, à n'en pas douter, des propos plus... gaillards !

LA MARQUISE.

Mauvais !

RICHELIEU.

Après cela faut-il qu'on se rebute ?
Notre amitié bégaie... hélas, elle débute !

LA MARQUISE.

Vous le faites exprès pour me taquiner.

RICHELIEU.

                              Moi,
Vous taquiner ! du tout, je ne vois pas pourquoi.
Je suis entre vos mains comme une cire molle.
Que faut-il faire enfin ? Chanter la gaudriole,
Danser, lire ?...

LA MARQUISE.

Lisons.

RICHELIEU.

Lisons...

LA MARQUISE.

                              Lisons...

RICHELIEU.

                              Lisons.
(Ils s'assoient près de la table.)

LA MARQUISE.

Aimez-vous les vers ?

RICHELIEU.

Oui, certes, quand ils sont bons !

LA MARQUISE.

Prenez sur la table.

RICHELIEU.

Au hasard ?

LA MARQUISE.

Oui.

RICHELIEU, prenant un livre.

La lecture

Entretient l'amitié; — c'est une nourriture
Substantielle... et bonne à la digestion,
Qui fournit des sujets de conversation...
On pourra s'arrêter pour discuter?. .

LA MARQUISE.

Sans doute.

RICHELIEU.

Je commence. . (Il s'arrête.) Ah ! pardon.

LA MARQUISE.

Quoi? vous restez en route?

RICHELIEU.

C'est que le premier mot me met dans l'embarras.
Notre position, je crois, ne permet pas
Que nous parlions...

LA MARQUISE.

De quoi?

RICHELIEU.

De cela.

LA MARQUISE.

Mais encore?

RICHELIEU.

De ce dont il s'agit.

LA MARQUISE.

De... ce... dont?

RICHELIEU.

Oui.

LA MARQUISE.

J'ignore

Ce que vous voulez dire.

RICHELIEU.

Enfin ce mot.

LA MARQUISE.

Quel mot?

RICHELIEU.

Je ne sais si je dois le prononcer tout haut.
Le mot : *amour!*

LA MARQUISE.

Comment? c'est lui qui vous arrête?

RICHELIEU, la regardant.

Mais, madame, je crois... je crois qu'en tête-à-tête
Il nous est défendu de le dire.

LA MARQUISE, naïvement.

Pardon,

Il vous fait peur?

RICHELIEU, très-significatif.

Du tout, il me fait peine.

LA MARQUISE.

Ah! bon.

Prenez un autre endroit.

RICHELIEU.

Je prends un autre livre.
C'est de la prose.

LA MARQUISE.

Allez.

RICHELIEU, lisant.

« L'homme ne saurait vivre
« Sans amour... » — Regardez.

LA MARQUISE.

Eh bien, c'est un hasard.

RICHELIEU.

Soit; mais ce hasard-là cache une règle d'art.
Signés d'un nom obscur ou d'un nom qui s'impose;
Grecs, latins ou français, soit en vers, soit en prose,
Écrits par des bourgeois ou par des gens de cour,
Les livres ne sont faits que pour parler d'amour.
Que faut-il faire encor?

LA MARQUISE.

Rien.

RICHELIEU.

Rien?

LA MARQUISE.

J'ai la migraine.

RICHELIEU.

S'il fallait tricoter de petits bas de laine,
Faire des nœuds, broder sur tulle ou sur velours,
Me voici.

2.

LA MARQUISE.

Richelieu, vous plaisantez toujours ;
Veuillez donc oublier que je suis une femme
Et me traiter en homme.

RICHELIEU.

Excusez-moi, madame,
Je n'aurais pas osé prendre cela sur moi.
Les désirs d'un ami sont plus forts qu'une loi.
Donc vous m'autorisez...

LA MARQUISE.

C'est une amitié d'homme
Que je demande, si c'est ainsi qu'on la nomme.
Or, entre vous, quelle est votre occupation ?

RICHELIEU.

Entre hommes ?

LA MARQUISE.

Entre amis.

RICHELIEU.

J'entends.

LA MARQUISE.

La question
Vous embarrasse ?

RICHELIEU.

Non. — On parle politique...
On prend parti pour l'un ou pour l'autre, — on se pique.
Êtes-vous pour Choiseul ?

LA MARQUISE.

Il a le nez camard.

RICHELIEU, riant.

Très-bien : nous causerons politique plus tard.
Entre amis, on se bat en duel.

LA MARQUISE.

Et puis?

RICHELIEU.

Dame...

On se tue.

LA MARQUISE.

Après?

RICHELIEU.

Hein? — Comment après, madame?
Quand on a dans le corps un coup de ma façon,
Il ne reste ici-bas que la confession.

LA MARQUISE.

Et celui qui survit?

RICHELIEU.

Ah ! celui-là, marquise,
Il déplore à grands cris son adresse... et se grise !...

LA MARQUISE.

Fi donc !

RICHELIEU.

Mais le bon vin, madame, est aux amis
Ce qu'est la pluie aux fleurs, et la rosée aux fruits.
Une fleur desséchée est une triste chose,
Et l'amitié féconde est celle qu'on arrose.

LA MARQUISE.

Vous verrez qu'il ira jusqu'à me proposer
D'aller au cabaret !

RICHELIEU.

Voulez-vous vous griser?

LA MARQUISE.

Ne passe-t-on son temps qu'à boire et qu'à se battre?
N'est-il pas un moyen?...

RICHELIEU, très-tendre.

La chanson d'Henri quatre
En fournit un troisième...

LA MARQUISE, vivement.

Entre amis, que dit-on?

RICHELIEU.

Mais, madame, s'il faut en croire un vieux dicton,
On se vante !

LA MARQUISE.

De quoi?

RICHELIEU.

De quoi, chère imprudente?
Entre hommes? entre amis? en buvant? — On se vante
D'abord de ses... — Vraiment! vous ne devinez pas?

LA MARQUISE.

Mais non.

RICHELIEU.

La médisance est reine des repas,
Et la vanité rend les langues indiscrètes.
On se vante, entre amis...

LA MARQUISE, se levant.

Je sais, de ses conquêtes !
Pauvres femmes ! les murs des plus vils cabarets
Connaissent nos amours et leurs tristes secrets.

RICHELIEU.

Ah ! les secrets d'amour ne sont pas ceux qu'on garde
Entre amis !

LA MARQUISE, s'asseyant au guéridon.

Et l'on dit que la femme est bavarde !
Voyons : racontez-moi vos amours.

RICHELIEU.

Volontiers :
Mais je doute beaucoup que vous y consentiez.

LA MARQUISE.

Pourquoi? je ne puis plus avoir de jalousie.
Aimez qui vous plaira ; pour moi, je m'en soucie
Autant que de cela.

RICHELIEU.

Pas plus que de cela ?
Ah ! que j'aime à vous voir ces beaux sentiments-là !

LA MARQUISE.

Quel est donc le motif de tant de réticence ?

RICHELIEU.

La confidence appelle une autre confidence,
Et même l'usage est de renchérir...

LA MARQUISE.

Je peux
Renchérir. — Parlez.

RICHELIEU, s'incline et s'assoit.

Hier je devins amoureux.
Oh! la femme divine! un ange!!!

LA MARQUISE.

Passez.

RICHELIEU.

Blonde,
Mais d'un blond sérieux, le plus riche du monde,
Avec de grands yeux noirs, un sourire parfait,
Un cou de cygne, un bras admirablement fait;
Des pieds! mais ils tiendraient dans... dans votre mitaine!

LA MARQUISE.

Tous les deux?

RICHELIEU.

Tous les deux, oui.

LA MARQUISE.

C'est chose certaine
Qu'elle a de petits pieds s'ils tiennent dans mon gant.

RICHELIEU.

Vous la connaissez bien... c'est madame *d'Argant!*

LA MARQUISE.

Ma voisine? une horreur! cette atroce coquette,
Laide... même en peinture! Ah! duc, quelle conquête!
Au moins pour votre honneur gardez-vous d'en parler!
Quand la bévue est faite, il faut dissimuler...
Je vous promets de n'en rien dire!

RICHELIEU.
                              Sur mon âme,
Vous vous entendez fort à tourner l'épigramme.
Savez-vous qu'il fait bon d'être de vos amis !

LA MARQUISE, riant.
Cette belle Flore ! ah ! pardonnez si j'en ris ;
Mais vraiment l'aventure est plaisante ! — C'est être
Puni dans son péché... — Mon pauvre duc !

RICHELIEU.
                              Peut-être
Sont-ce ses cheveux d'or qui m'auront aveuglé,
Mais de ce laideron je suis ensorcelé,
Et je ne comprends plus comment on s'accommode
De ne pas être blonde. — Et d'ailleurs c'est la mode.

LA MARQUISE.
Hormi les cheveux blonds vous n'en aimez aucuns ?

RICHELIEU.
Marquise, entendons-nous, tous mes amis sont bruns.
Voici l'histoire : — Hier je faisais ma tournée
Place Royale. — Au bas de l'hôtel Guémenée
(Où demeure aujourd'hui ce cher extravagant
De Rohan, le Tircis de madame d'Argant),
Je m'approche, et je vois descendre de voiture
Une femme... — On connait la femme à sa chaussure,
Et, foi de connaisseur, la chaussure était bien.
J'offre mon bras, la dame accepte...

LA MARQUISE.
                              Le moyen
De refuser !

RICHELIEU.

On cause, en montant chez le comte,
De ceci, de cela, de tout... — en fin de compte
Avant de se connaître on était bons amis.
Nous entrons chez Rohan ; le couvert était mis...

LA MARQUISE.

Vous avez dérangé leur souper fin.

RICHELIEU.

                    Non certe ;
Je voulus m'esquiver, ce fut en pure perte :
Rohan me menaça d'ameuter les maris.
Il embrassa sa belle et courut dans Paris ;
Je crois que près du Louvre il avait une affaire
Qu'il voulait terminer avant souper. — Que faire
Seul avec une femme adorable, sinon
Profiter du crédit que me donne mon nom ?
Eh bien, voyez un peu ma loyauté, marquise.

LA MARQUISE.

Que fîtes-vous ?

RICHELIEU.

S'il faut parler avec franchise,
Je fis comme Rohan, j'embrassai... — Ce fut tout ;
Oui, quoique l'embrassade eut été de mon goût,
J'en restai là. — J'eus tort ; c'était une conquête
Charmante ; mais, hélas ! je vous aimais. — C'est bête,
N'est-ce pas ? Aujourd'hui je n'hésiterai plus
Et je vais dès ce soir commencer le blocus.

**LA MARQUISE.**

Mes aventures, moi, sont à peu près pareilles.
Hier, en vous attendant, je bayais aux corneilles,
Lorsqu'au coin de la rue un jeune homme embusqué
Jeta sur mon balcon un billet doux musqué.
Je l'avais déjà vu plusieurs fois, et sa grâce
A cheval me plaisait ; on devinait la race
A sa mise coquette, à son geste élégant.
Surprise, je m'efface, et je lâche mon gant.
Il saute, le ramasse, et grimpe sur la selle
De son cheval, et zest! sans corde et sans échelle,
Psitt! en deux temps, et crac! il... mais heureusement
J'eus le temps de fermer la fenêtre.

**RICHELIEU**, riant.

L'amant

N'était qu'un voleur !

**LA MARQUISE.**

Non.

**RICHELIEU.**

Si.

**LA MARQUISE.**

C'était un jeune homme

Très-aimable : entre nous je l'avoue ; il se nomme...
Mais vous le connaissez : c'est *Canillac*.

**RICHELIEU.**

Eh las !

Je le connais fort bien.

3

LA MARQUISE.

      Il vous plaît, n'est-ce pas?

RICHELIEU.

C'est un joli garçon.

LA MARQUISE.

      On dit qu'il vous efface,
Et beaucoup de jaloux disent qu'il vous... remplace.

RICHELIEU.

Il me remplacera, comme doublure.

LA MARQUISE.

              Eh bien,
Tout doublure qu'il est, il ne le cède en rien
A son maitre.

RICHELIEU.

     Il promet.

LA MARQUISE.

        Mais il tient bien des choses.

RICHELIEU.

Le singe le meilleur n'imite que les poses.
D'ailleurs, si vous l'aimez...

LA MARQUISE.

        Le trouvez-vous mauvais?

RICHELIEU.

Du tout : il me remplace et vient quand je m'en vais.
Les lampions sont rois au pays des lanternes,
Mais auprès du soleil tous les brillants sont ternes.
Ah! *Canillac* vous plait; moi, j'en suis très-content.

LA MARQUISE.

Pour la blonde aux yeux noirs je vous en offre autant.

RICHELIEU.

Son esprit délicat plaît dans les jeux de paume ;
Puis il est après moi le plus fat du royaume !

LA MARQUISE.

L'amour dont elle brûle a de terribles feux,
Car ils sont plus ardents encor que ses cheveux !

RICHELIEU.

C'est un fier cavalier, d'une valeur étrange,
Et qui monte à l'assaut... des balcons comme un ange !

LA MARQUISE.

C'est un tendron naïf, qui compte ses amours
Par ses soupers, et soupe à peu près tous les jours !

RICHELIEU.

Vous m'y faites penser...

LA MARQUISE.

On vous attend peut-être ?

RICHELIEU.

Peut-être ce soir même, au bord de sa fenêtre,
On écoute les pas des passants attardés...
Peut-être même on souffre... on pleure...

LA MARQUISE.

Et vous tardez ?

RICHELIEU.

Que me conseillez-vous de faire, mon amie?

LA MARQUISE.

Il faut avoir sucé le lait d'une furie
Pour la laisser pleurer derrière son rideau...
Au risque d'attraper un rhume de cerveau.

RICHELIEU.

J'admire votre esprit en cette circonstance :
Vos avis sont toujours les plus sages. — Hortense,
Permettez qu'en ami je vous serre la main.

LA MARQUISE.

Alors vous partez?

RICHELIEU.

Mais je reviendrai demain.

LA MARQUISE.

Je n'y serai pas.

RICHELIEU.

Bien. Quel jour de la semaine
Faut-il venir?

LA MARQUISE.

Aucun.

RICHELIEU.

La semaine prochaine?

LA MARQUISE.

Non plus.

RICHELIEU.

Et l'amitié, quel jour l'exerce-t-on?

LA MARQUISE.

Qui vous force à partir?

RICHELIEU.

En bonne foi, peut-on
La laisser s'enrhumer?... Songez donc qu'elle pleure!
Du reste, l'amitié se couche de bonne heure,
Et minuit va sonner.

LA MARQUISE.

Déjà!

RICHELIEU.

Merci.

LA MARQUISE.

Minuit!

J'avance...

RICHELIEU.

Peu, voyez. — Chaque heure qui s'enfuit
Ravive mes regrets... — Il faut que je vous quitte.

LA MARQUISE.

Vous n'allez pas bien loin et vous irez plus vite.

RICHELIEU.

Mais si je reste encor je ne m'en irai pas,
Et vous savez qu'il faut que je m'en aille... — Hélas!
Combien d'amants déjà la nuit couvre et protége!
Voilà minuit, dieu sombre avec tout son cortége
De souvenirs heureux, tourbillonnant essaim
De lutins familiers qui chantent dans mon sein!
C'est l'heure des amants, l'ami doit faire place.

LA MARQUISE.

A qui donc?

RICHELIEU.

Mais, madame, à... *Canillac.*

LA MARQUISE.

                                        De grâce,
Cette plaisanterie est poussée assez loin.
*Canillac* est un conte et vous n'y croyez point.

RICHELIEU.

Et pourquoi, s'il vous plaît, voulez-vous que j'en tienne
Pour madame d'Argant? Votre histoire est la mienne.

LA MARQUISE.

Voyons, n'aimez-vous pas toutes les femmes?

RICHELIEU.

                                        Si.
La charité le veut, la politesse aussi.
Les odes de La Motte et les femmes sont telles
Qu'il faut en chercher. cent pour en trouver deux belles;
C'est, madame, en cherchant ainsi que j'ai trouvé
Dans un corps sans défauts le cœur que j'ai rêvé.

LA MARQUISE.

Quelle est cette beauté?

RICHELIEU.

                    De près elle vous touche;
Un sourire éternel voltige sur sa bouche,
Et ses longs cheveux bruns sous la poudre ondulants
Glissent sur son oreille et tombent nonchalants.
Sa main, petite et ronde, est un nid de caresse,
Et l'amour qu'elle inspire est comme une paresse

Qui vous endort en vous berçant. — Son doux baiser
Altère, et cependant ne veut pas apaiser.
Malgré tout son esprit, elle est la bonté même,
Et je l'aime, en un mot...

LA MARQUISE.

Vous l'aimez?

RICHELIEU.

Oui, je l'aime

Comme un enfant; je l'aime avec...

LA MARQUISE.

Est-ce bien vrai?

RICHELIEU.

Quand elle en doutera, marquise, j'en mourrai.
Voyez là-bas : la nuit s'étend sur la nature :
Écoutez les soupirs de toute créature,
Tout se cherche dans l'air, dans les herbes, sous l'eau...
Au roseau tendrement s'enlace le roseau;
L'insecte bleu poursuit l'insecte qui voltige ;
Le vent baise la fleur qui s'endort sur sa tige ;
Le ciel dans les ruisseaux mire ses regards bleus ;
L'étoile au ver luisant parle et cligne des yeux.
Eh bien ! marquise, eh bien ! l'universelle flamme
Qui brûle terre et ciel est toute dans mon âme
Lorsque son seul regard vient caresser le mien...

LA MARQUISE.

Et cette femme c'est ?...

RICHELIEU.

Vous la connaissez bien.

LA MARQUISE, faiblement.

Non, je vous jure, non.

RICHELIEU.

A quoi bon cette épreuve ?
Je vous l'ai dit cent fois...

LA MARQUISE.

Non.

RICHELIEU.

En voilà la preuve.
(Il lui montre une autre boîte qu'il substitue à la première.)

LA MARQUISE, furieuse.

C'est une indignité !

RICHELIEU.

Mais non... votre courroux...
Mais non...

LA MARQUISE.

Je vous exècre et la boîte avec vous;
Je voudrais qu'elle fût...

RICHELIEU, — riant.

Dans la mer Caspienne !!
Écoutez-moi...

LA MARQUISE.

Jamais.

RICHELIEU.

Bon ; c'était bien la peine !
Au moins regardez-la. — Poussez ce diamant,
Et la divinité dont mon cœur est amant...

LA MARQUISE.

Mon portrait ! ! C'est bien moi.

RICHELIEU.

Chère Hortense, le vôtre

LA MARQUISE.

C'est pourtant mon portrait !

(Elle tourne autour de Richelieu.)

RICHELIEU.

Que cherchez-vous ?

LA MARQUISE.

Et l'autre ?

RICHELIEU.

Quel autre ? qu'avez-vous ?

LA MARQUISE.

Ah ! méchant, c'est un tour !

RICHELIEU.

*Canillac* est, marquise, un garçon fait au tour !

LA MARQUISE, tombant dans ses bras.

Ah ! vous aimer, Armand, est chose méritoire ;

3.

Mais vous mentez si bien qu'il faut toujours vous croire.
Aimons-nous donc encor, mais l'amour s'en ira!...

RICHELIEU.

Raison pour en jouir tant qu'il nous restera.
Après nous c'est la fin, comme dit la sagesse !
Abusons du bonheur, tant que Dieu nous le laisse !
Aimons, ou n'aimons pas, mais jamais à demi.
Quand on n'est plus amant, à quoi sert d'être ami ?

LA MARQUISE.

L'amitié d'une femme...

RICHELIEU.

                    En amour se dénoue,
Qui baise sur la main doit baiser sur la joue ;
Demander l'amitié, c'est tourner alentour ;
On n'aime plus l'amant, mais on aime l'amour.
Ouf! le sermon est long comme d'ici Versaille !

LA MARQUISE.

Prédicateur à jeun ne prêche rien qui vaille !

RICHELIEU.

Et le sermon vaut bien un souper !

LA MARQUISE.

                        Dans dix jours
Vous ne m'aimerez plus !

RICHELIEU.

                      Je t'aimerai toujours !

LA MARQUISE.

Toujours ! l'éternité ! folle qui s'y repose !

RICHELIEU.

L'éternité n'est rien, dix jours sont quelque chose.


Paris, 28 avril 1865.


FIN


494 — Imprimerie Poupart-Davy et Cᵉ, rue du Bac, 30.

# JACQUES GALÉRON

PAR ANDRÉ LÉO

Un volume In-18 Jésus...   **1 fr. 50** c.

*Extrait du Journal* LA VIE PARISIENNE *du* 11 *mars* 1865.

André Léo, ce pseudonyme qui cache une jeune femme du meilleur monde, continue sa série de succès. Après *la Vieille Fille, le Mariage scandaleux* et *les Deux Filles de M. Plichon,* voici *Jacques Galéron,* une œuvre toute masculine.

Ce roman, c'est une lettre — une lettre pour l'intrigue et quelques mots de réponse pour dénoûment. Mme Élise Vaillant écrit à son ancienne amie de pension, Mme Julie Mireteau, femme d'un recteur d'Académie, pour lui recommander ses protégées.

Madame Vaillant perdit une fille âgée de seize ans qui, à son lit de mort, pria sa mère de garder auprès d'elle Suzanne, sa sœur de lait. Madame Vaillant remplit le vœu de son enfant mourante; seulement, comme il fallait décider les parents de la petite paysanne, elle lui attribua des gages, tout en l'élevant comme si elle eût été sa fille. De là commencement de la jalousie des bons bourgeois du village, qui continuent à appeler Suzanne *la bonne à madame Vaillant* et ne se décident à l'accepter que pour ne pas éloigner la mère adoptive, femme du médecin de l'endroit.

La petite fille devient jeune fille et embellit, quand arrive dans le village un nouvel instituteur, jeune et beau garçon qui vit avec son grand-père, un vieux soldat d'Afrique. Ils sont les lions du pays, toute la coterie s'empare d'eux, le curé ne les quitte plus. On mitonne déjà un mariage avec une coiffeuse

de sainte Catherine. Mais, patatra ! le cœur de Jacques Galéron fait banqueroute et il demande Suzanne. Le mariage se
conclut à travers les embûches, les intrigues, les calomnies.
Une école laïque ouverte par Suzanne Galéron à côté de l'école
des Sœurs déchaîne toutes les fureurs cléricales. Puis vient une
scène entre le vieux soldat et le curé, et enfin la suspension de
l'instituteur. Le dénoûment, c'est la réponse du recteur. Qu'il
soit plus sage, qu'il fasse sa soumission aux puissants du jour,
et on le replacera dans un trou, sur les limites du dépar-
tement.

Évidemment tout cela se passe avant le ministère Duruy.
Comme toujours, le style est sobre, pas de phraséologie. Des
périodes courtes, mais nettes, claires, précises. En quatre
coups de plume, un portrait hardiment posé sur ses pieds et
vivant bien. Écoutez celui-ci :

« Mlle Prudence Rochet est une fille de cinquante ans, un
« peu voûtée, brèche-dent, jaune de peau, l'œil vif et la voix
« mielleuse. Elle porte habituellement un bonnet à rubans
« roses et parle en s'écoutant. C'est elle qui pare l'autel le
« dimanche, qui raccommode les surplis et les chasubles, qui
« dresse les reposoirs de l'Âques et de la Fête-Dieu. Elle sur-
« veille aussi quelque peu le presbytère et fait aux jours de
« gala les honneurs de la maison de M. le Curé. C'est sa voix
« un peu cassée qui, avec celles des bonnes Sœurs, dirige à
« l'église les cantiques chantés par les petites filles... Mlle Pru-
« dence enfin porte le nom de Sacristine dans tout le bourg de
« la Roche-Néré. »

Rien de frais comme l'aveu de Jacques à Suzanne. La veille,
à la fête, dans une ronde, Jacques avait choisi Suzanne pour
l'embrasser. La jeune fille, qui avait déjà été embrassée par
d'autres, était devenue rouge comme une cerise et s'y était
opposée. Le lendemain, le pauvre garçon arrive chez madame
Vaillant et, ne sachant pas que cette dernière l'écoute, il par-
vient tout doucement à lâcher le grand mot :

« Vous n'allez pas au jardin, monsieur?

## 3

« — Non, mademoiselle, répondit Jacques. » Et le silence recommença.

« Non, répéta Jacques au bout de quelques instants, je ne « vais pas au jardin.

« Il se tut de nouveau, cela valait la peine de reprendre la « parole! En d'autres temps, la rieuse Suzanne eût éclaté.

« — Parce que... ajouta-t-il sans doute par un effort hé- « roïque, parce que je suis vraiment bien malheureux depuis hier.

« — Ah!... vous êtes malheureux... pourquoi?...

« — Parce que je vous fais peur... ou plutôt vous avez hor- « reur de moi, n'est-ce pas, mademoiselle Suzanne? — Mais « non, monsieur, je vous assure... je ne trouve pas... ce que « vous dites là n'est pas vrai du tout. — Enfin, vous avez pour- « tant quelque chose contre moi, bien sûr? — Oh! non... mais « je sais bien pourquoi vous croyez cela, pour la chose d'hier... « C'est moi qui avais tort, et j'en suis vraiment fâchée, mon- « sieur Jacques, je vous en demande pardon. — Je ne vous « en veux pas, répondit-il d'une voix rauque après un moment « de silence; mais je n'en ai pas moins de peine, parce que, « voyez-vous, je ne suis fâché que d'une chose... c'est que vous « ne m'aimez pas? — Ah! vous croyez! — Voyons, made- « moiselle Suzanne, dites la vérité... J'en suis comme fou, au « moins... si vous saviez ce que j'ai souffert depuis hier soir! « — Oh! je l'ai deviné, dit-elle en tremblant, et je ne peux « pas vous exprimer combien j'en ai eu de peine aussi. J'en ai « pleuré presque toute la nuit. Mais ça été plus fort que moi... « quand j'ai vu que vous vouliez m'embrasser comme ça... — « Mon Dieu! cela vous fait bien de la peine que je vous em- « brasse? — Mais non!... c'est qu'il y avait du monde!...

« Chère et chaste enfant! Maintenant je la comprenais : elle « n'avait pas voulu livrer aux yeux de tous une émotion qu'elle « sentait sacrée. Je me levai doucement et m'esquivai dans le « jardin, par la fenêtre qui était ouverte. Il est une force dont « on ne tient compte ni pour la conserver, ni pour en tirer

« parti, c'est l'honnêteté de la jeunesse. Moi, je la crois plus
« forte que toute précaution, etc., etc. »

Est-ce assez délicat! On dira que j'abuse des citations. Eh!
mon Dieu ! nous ne sommes pas ici des critiques de profession…
J'ai lu un livre, je dis ce que j'ai ressenti et je prends par la
main celui auquel je redis mes impressions pour lui faire voir
ce qui m'a plu ou déplu. Libre à lui de ne pas être de mon avis
après cela.

En parlant de l'éducation donnée par les religieuses, l'auteur
s'écrie :

« Elles croient servir le bien et le servent de toute leur âme,
« avec les passions qu'elles renferment ; la nature les y force
« à leur insu. Un de leurs premiers dogmes étant de croire au
« mal, et comme principe et comme incarnation, leur devoir
« doit être de le poursuivre à outrance et leur défaut de le voir
« partout.

« Ce pauvre monde, si anathématisé par l'esprit chrétien,
« ce monde dont le besoin et le goût-de vivre sont si opposés
« à cette religion de la mort, qui ne cherche la vie qu'au delà
« de la tombe, ce monde n'est et ne peut être pour elles qu'un
« adversaire et un ennemi.

« Relisez les *Pensées* du P. Bouhours et tant d'autres thèmes
« semblables : le monde est l'ennemi du christianisme. N'est-
« il pas rigoureusement vrai, d'après cela, que le christianisme
« est l'ennemi du monde? Et n'avons-nous pas droit de nous
« plaindre d'être livrés pieds et poings liés à notre ennemi? »

Trouvez-moi dans tout le fatras de nos philosophes anciens
et modernes une argumentation plus serrée à la fois, plus élo-
quente que celle-ci. Quand j'ai terminé un livre d'André Léo,
j'ai toujours envie, comme les dilettanti anglais, de crier :
Encore! encore! Je disais un jour : C'est le George Sand de
l'avenir! Ma foi non! — C'est l'André Léo! deux noms qui
marcheront de front un jour.

Édouard S.

# ENTRE DEUX FEMMES

PAR

M<sup>me</sup> LA COMTESSE MARIE DE MONTEMERLI

Saluons l'avénement des plumes féminines! Le délicat génie de la femme, personnifié déjà dans *la Solitaire de Nohant*, veut conquérir le sceptre du roman, du roman comme l'acceptent la saine morale et le bon goût.

Naguère, l'intelligent éditeur, élève du regretté Hachette, instruit à cette école à subodorer les succès, à distinguer d'un coup d'œil les ailes qui s'entr'ouvrent, nous révélait dans le pseudonyme ANDRÉ LÉO une dame du meilleur monde, qui, pour essais et coup de maître sur coup de maître, nous donna deux romans qu'aurait signés GEORGE SAND; à l'heure où j'écris, tout le monde a lu *un Mariage scandaleux* et *les Deux Filles de M. Plichon.*

Et voilà qu'après cette étoile scintille une étoile, de moindre grandeur peut-être, mais qui, d'après les promesses du début, brillera bientôt sur l'horizon littéraire.

Enfin, le même éditeur a sous presse *les Mystères de la maison*, roman de madame ANAÏS SÉGALAS, bien connue déjà comme muse contemporaine et rivale de l'adorable muse sitôt enlevée aux lettres, et qui veut, comme son modèle, marier les gloires du poëte aux gloires du prosateur.

*Entre deux femmes*, par madame la comtesse Marie de Montemerli, n'est point un roman d'aventures; dans ce livre, point de mise en scène d'événements écrits pour la curiosité. C'est un drame de la vie conjugale, une étude profondément touchée des passions coupables.

La scène se passe en Italie : deux natures d'élite s'éprennent violemment l'une de l'autre; mais ces deux amours sont un double adultère : tout le livre, c'est, des deux parts, le remords incessant d'un bonheur illégitime; les mille sensations, douces ou cruelles, éprouvées dans ces émouvantes péripéties d'une longue faute, les reproches de la raison comme les entraînements du cœur sont décrits avec un rare sentiment du réalisme moral; on serait tenté de dire à la jeune romancière : Où avez-vous appris à un pareil degré cette science du cœur humain? La vérité de cette étude est parée de tout ce que peut ajouter de charme au récit une phraséologie toujours élégante et chaste, malgré les périls du sujet.

Comme spécimen de la manière de l'écrivain, cueillons au hasard quelques lignes de ce charmant volume :

*L'harmonie est la plus belle œuvre de Dieu... tout dans la nature s'harmonise; l'homme a la physionomie du pays où il est né : le Parisien ressemble à Paris; l'Anglais à Londres; l'Arabe ressemble au désert; l'Égyptien a le calme majestueux de ses ruines immenses; le Grec conserve je ne sais quoi de son ancienne royauté dans l'art; l'Italien personnifie les charmantes séductions de sa patrie..... L'auteur* s'est peint sans le vouloir dans ce dernier trait.

Et plus loin, dans un autre ordre d'idées pour lesquelles, en terminant, je hasarderai des réserves :

*Quelle grandeur dans les sacrifices que certaines passions savent s'imposer! quelle magnifique expiation dans ces martyres volontaires! quelles nobles réactions dans certains cœurs coupables! Le monde, si prompt à blâmer, si inexorable, toujours prêt à déverser la honte sur la femme; le monde, en présence de ces luttes généreuses, ne se sentirait-il pas pris de pitié? N'y a-t-il donc qu'une seule expression pour caractériser toutes les fautes?...*

Oui, madame, il n'y a qu'une seule expression. Quels que soient le talent, le prestige avec lequel vous poétisez l'oubli du devoir, c'est là une absolution dangereuse : toute femme entraînée vers la faute par ses sens ou par la séduction se placera dans les exceptions dont vous faites une excuse. Après la vertu native, après la conscience, la faiblesse de la femme doit avoir pour sauvegarde la terreur des conséquences de toute nature, désorganisatrices de ce qu'il y a de plus sacré dans notre civilisation, la famille.....

Sachons gré à l'auteur de n'avoir pas pris pour héroïne une épouse mère. Le divin Législateur a dit de la femme adultère : *Il lui sera beaucoup pardonné parce qu'elle a beaucoup aimé*; il n'eût pas accordé cette circonstance atténuante à l'épouse des sociétés modernes.

F.

Fourchambault, 15 avril 1865.

# LES AMOURS DE HENRI IV

## PAR M. M. DE LESCURE

Un beau et fort volume in-18 jésus, imprimé avec luxe
et orné de quatre portraits historiques

### 4 francs.

*Les Amours de Henri IV*, quel sujet plus curieux, plus intéressant, plus émouvant, car le drame s'y mêle à la comédie et le sourire aux larmes! Quelle physionomie plus intrépide, plus joviale, plus française que celle du seul roi dont le peuple ait gardé la mémoire! Quelles figures plus attrayantes que celles de ses principales maîtresses : Corisande, comtesse de Gramont, la rude et vive amazone gasconne, la fraîche et tendre Gabrielle, la mutine et railleuse Henriette d'Entragues, la coquette et superbe princesse de Condé ! Quelle variété dans ces amours volages, emportées sans cesse à de nouveaux objets par l'insatiable curiosité de l'esprit et du cœur, et conservant jusqu'en leurs plus étonnants oublis, jusqu'en leurs témérités les plus imprévues, un accent de sincérité, de passion, de jeunesse, de vie qui force à sourire et à pardonner l'indulgente postérité ! Un jeune écrivain, d'une érudition profonde et légère, d'une plume alerte, a écrit cette histoire des *cinquante-six maîtresses* de Henri IV, qui ressemble à un roman. Aucun livre n'amuse autant, en sachant toujours instruire et plaire, car c'est un ouvrage savant que cet ouvrage amusant et dont l'apparence seule est frivole. Comme un page espiègle et moqueur, ce joli livre, orné de quatre portraits, élégamment vêtu, marche lestement à un but sérieux et moral et porte joyeusement la queue de la grande et solennelle histoire. Celle-ci, préoccupée des guerres, des négociations, des parlements, a oublié l'intérieur de Henri IV. M. de Lescure nous montre le fils, le mari, le père, l'amant, et nous fait comprendre le roi. C'est un succès, un franc succès, succès d'érudits et de mondains, de femmes et de vieillards, qui grandit tous les jours et qui a pour pendant *les Amours de François Ier*, du même auteur.

---

# LES AMOURS DE FRANÇOIS Ier

## PAR M. M. DE LESCURE

Un très-beau volume, imprimé avec luxe, avec une eau-forte de Hillemacher

### 3 francs.

# CATALOGUE

## DES

# LIVRES DE LUXE

### IMPRIMÉS PAR Louis PERRIN, DE LYON

---

## DÉPOT

## A LA LIBRAIRIE ACHILLE FAURE

---

**ALLUT. Études sur Symphorien Champier.** 1 beau vol. in-8, fig., cart. . . . . . . . . . . . . . . . . . . . . . . . . . . . . . . . . . 21 fr.

— **Vie du Père Menestrier.** 1 gros vol. in-8, broché (épuisé). 30 fr.

— **Les Tard-Venus, les Routiers au XV$^e$ siècle et la bataille de Brignais.** 1 vol. in-8, br. (épuisé). . . . . . . . 15 fr.

— **Aloysia Sygea et Nicolas Chorier.** In-8, br. . . . . 10 fr.

— **L'Accueil de M$^{me}$ de la Guiche à Lyon,** le 27 avril 1598. 1 vol. in-8, br. . . . . . . . . . . . . . . . . . . . . . . . . . . . . 10 fr.

**AILLY (baron d').** **Recherches sur la monnaie romaine,** depuis son origine jusqu'à la mort d'Auguste. In-4, 49 planches, magnifique volume. . . . . . . . . . . . . . . . . . . . . . . . . . . . 50 fr.

(Le tome I$^{er}$ a paru; l'ouvrage aura 3 vol.)

BOISSIEU (A. de). **Inscriptions antiques de la ville de Lyon.** 1 gros vol. grand in-4, fig. et planches, br......... 70 fr.

— **Ainay,** son autel, son amphithéâtre et ses martyrs. 1 vol. in-8, fig., planches, cart.................................. 10 fr.

BERNARD. **Le Temple d'Auguste et la nationalité gauloise.** 1 vol. très-grand in-4, 14 planches, cart.......... 25 fr.

(Cet ouvrage, tout en étant un travail spécial, forme en quelque sorte un supplément à l'ouvrage des inscriptions de M. A. de Boissieu.)

**Cartulare Monasterii beat. Petri et Pauli de Domina, Clun. Ord.,** Lugd., 1859. In-8, gros vol., figures et cartes, broché................................................. 30 fr.

CHABERT. **Les Visions d'Isaïe,** fils d'Amos, en vers français. Gr. vol. in-8, br.................................... 10 fr.

CIBRARIO. **Précis historique des ordres religieux et militaires** de Saint-Lazare et de Saint-Maurice.. 1 vol. in-8, fig. color., br.................................. 10 fr.

**Recueil des chevauchées de l'Asne.** 1 vol. in-8, broché. 10 fr.

DEBOMBOURG. **Atlas chronologique des États de l'Église.** In-folio, 21 cartes col., cart...................... 12 fr.

DELAROA. **Les Patenôtres d'un surnuméraire,** ou Conseils d'un grand-oncle. 1 vol. in-18, br................... 3 fr.

**Entrada de Carlos V en Paris el año 1540.** In-8, br. (tiré à 50 exemplaires).............................. 12 fr.

**Simple bouquet** (Poésies). In-12, br.................. 4 fr.

GIRAUD. **Cartulaire de l'abbaye de Saint-Bernard de Roman.** 2 vol. in-8, br........................... 15 fr.

**Inventaire des titres recueillis par Samuel Guichenon.** 1 vol. in-8, br.................................. 12 fr.

GRAVILLON (Arthur de). **J'aime les morts**. 1 vol...... 6 fr.

GUIGNOL (**Théâtre de**). 1 vol in-8, cont. 12 pièces avec des eaux-fortes en tête de chaque acte........................... 10 fr.

*idem*, sur papier de Hollande, gravures en bistre ........ 25 fr.

JOLY. **Benoët du Lac**, ou le Théâtre et la Bazoche à Aix à la fin du xvie siècle. 1 vol. in-8, br........................ 10 fr.

LAFORGE. **Les arts et les artistes en Espagne**. 1 vol. in-8, broché. ............................................. 15 fr.

— **La peinture et les peintres** dans les duchés italiens. 1 vol. in-8, br. (pas mis dans le commerce).................... 15 fr.

— **La Vierge**, type de l'art chrétien. 1 gr. vol. in-4, 5 fig. sur bois, cart..................................... 25 fr.

LIMAS (de). **Six mois en Orient** (description de voyage). 1 vol. in-8, avec planches, br............................. 20 fr.

LOUIZE LABÉ. **Œuvres**. In-8, br..................... 12 fr.

**Le Lutrin**, avec des eaux-fortes par F. Hillemacher. 1 vol. in-4, cart..................................... 12 fr.

MAURICE SÈVE. **Delie, object de plus haute vertue.** (Réimpression de l'ancienne édition.) In-12, br., beaucoup de vignettes sur bois................................... 25 fr.

**Souvenirs poétiques**, par de M. ... In-8, br.......... 8 fr.

MINORET (Eugène). **L'Oraison dominicale.** 1 vol. in-32.
4 fr.

MOLIÈRE. **Théâtre**, 6 vol. In-8, avec des gravures à l'eau-forte par F. Hillemacher en tête de chaque acte, papier teinté, broché. Prix de chaque volume........................ 20 fr.

(Le Ier volume a paru.)

ROSTAND (Eugène). **Ébauches**, poésies. Un très-joli volume imprimé en rouge et en noir............................. 4 fr.

**Rymes de gentille et vertueuse Dame Pernette du Guillet**. 1 vol. in-12, papier de Hollande (tiré à 200 exemplaires)..................................... 7 fr.

SOULARY (Joséphin). **Poëmes et sonnets**. 1 beau vol., comprenant les *Figulines*........................... 20 fr.

**Troupe** (la) **de Voltaire**. In-8, br., avec 41 portraits à l'eauforte par Hillemacher........................ 40 fr.

VILLIERS DE L'ISLE-ADAM. **Premières poésies**. 1 vol. in-8, br....................................... 7 fr.

V. VERNIER. **Les Filles de minuit** (poésies). 1 v l. in-8, br........................................ 5 fr.

# LIBRAIRIE ACHILLE FAURE

## 23, boulevard Saint-Martin

## A PARIS.

◁ ─────────────────── ▷

# NOUVELLE COLLECTION A 1 FR.

---

LES FRANCS-ROUTIERS, par ANTONY RÉAL.

LES PETITES CHATTES DE CES MESSIEURS, par HENRY
DE KOCK.

JEANNE DE VALBELLE, par CASIMIR BLANC.

LES ORNIÈRES DE LA VIE, par JULES CLARETIE.

NOS GENS DE LETTRES, par ALCIDE DUSOLIER.

LES CACHOTS DU PAPE, par CH. PAYA.

LA GUERRE DE POLOGNE, par EUG. D'ARNOULT.

IMPRESSIONS D'UN JAPONAIS EN FRANCE, par RICHARD

# TABLE ALPHABÉTIQUE

## DU CATALOGUE

DE LA LIBRAIRIE ACHILLE FAURE, 23, BOULEVARD SAINT-MARTIN.

---

## ANONYMES.

**L'Empereur à l'Institut.** Une brochure in-8.....:.   1 fr.

**Plan de Paris** (magnifique plan Furne), mis au courant de tous les derniers changements.

    En feuilles........................... 2 fr. 50
    Cartonné............................. 3   »
    Cartonné et collé sur toile............ 5   »

**La France travestie, ou la Géographie apprise en riant.** *Carte drôlatique et mnémonique*, reproduisant en vers burlesques la nomenclature exacte et complète des 92 départements de France et d'Algérie et de leurs 385 préfectures et sous-préfectures. 1 joli volume in-18 raisin, orné d'un frontispice illustré.................................. 1 fr.

**Mémoires d'une biche anglaise.** 1 charmant volume orné du portrait de l'héroïne des Mémoires, photographié par Pierre Petit................................. 3 fr.

**Mémoires d'une fille honnête.** 1 vol............... 3 fr.

**Une autre biche anglaise.** Suite du volume précédent. 3 fr.

**Voyage à la lune,** d'après un manuscrit authentique projeté d'un des volcans lunaires. 1 vol., avec une gravure...... 3 fr.

## ARNOULT (Eugène d').

**La Guerre de Pologne en 1863,** précédée d'une préface par ALFRED MICHIELS. 1 vol. in-18 jésus................ 1 fr.

## ASTRIÉ.

**Les Cimetières de Paris,** guide topographique et artistique. 1 volume orné de 3 plans............................. 2 fr.

# BARBEY D'AUREVILLY.

**Un Prêtre marié.** 2 vol. in-18 jésus................... 6 fr.

Il a été tiré de ce livre quelques exemplaires papier de Hollande au prix de 18 fr.

**Une Vieille maîtresse.** (*Sous presse.*)

**L'Ensorcelée.** (*Sous presse.*)

**Histoire de la grandeur et de la décadence du** *Journal des Débats.* (*Sous presse.*)

## BLANC (Casimir).

**Jeanne de Valbelle,** roman de mœurs intimes d'un grand intérêt. 1 volume in-18 jésus, orné de 2 gravures sur bois.. 1 fr.

## BLANQUET (Rosalie).

**La Cuisinière des ménages.** 1 beau vol. cartonné... 3 fr.

## BRÉHAT (de).

**Un Mariage d'inclination.** 1 vol................... 3 fr.

## BRIDE (Charles).

**L'Amateur photographe,** *Guide usuel de photographie,* l'usage des gens du monde; manuel essentiellement pratique, orné de nombreuses vignettes explicatives, et suivi d'un abrégé de chimie photographique........................... 3 fr.

## CHALIÈRE (Louis).

**Ingenio.** 1 vol. in-18................................ 3 fr.

## CIMINO.

**Les Conjurés,** roman traduit de l'italien par **M.** Chenot. 2 vol.................................................. 6 fr.

## CLARETIE (Jules).

**Les Ornières de la vie.** 1 volume in-18 jésus, orné de deux vignettes sur bois..................................... 1 fr.

**Voyages d'un Parisien.** 1 vol...................... 3 fr.

# COMETTANT (Oscar).

**En Vacances.** 1 beau et fort volume in-18 jésus, orné de deux grandes vignettes sur bois............................ 3 fr.

**L'Amérique telle qu'elle est,** voyage anecdotique de Marcel Bonneau aux États-Unis et au Canada. 1 beau volume in-18 jésus, avec deux jolies vignettes sur bois.................. 3 fr.

**Le Danemark tel qu'il est,** ses mœurs, ses coutumes, ses institutions, ses musées, souvenirs de la guerre, etc. 1 vol. 4 fr.

**Un petit rien tout neuf.** 1 vol. in-18 jésus.......... 3 fr.

# CONTY (DE).

**Paris en poche.** Guide pratique dans Paris, illustré de nombreuses gravures. Un volume élégamment cartonné......... 4 fr.

**Londres en poche.** Guide pratique du voyageur à Londres. 1 volume élégamment cartonné........................ 4 fr.

**Plan de Londres,** Guide indicateur instantané...... 1 fr. 25

**Les bords du Rhin en poche.** Guide pratique et illustré. 1 volume élégamment cartonné...................... 5 fr.

**Guides pratiques des voyages circulaires,** rédigés sous les auspices des Compagnies.

|  |  |  |
|---|---|---|
| Belgique et Hollande.................... | 2 fr. | 50 |
| Belgique.............................. | 2 fr. | 50 |
| Bords du Rhin......................... | 2 fr. | 50 |
| L'Oberland Bernois.................... | 2 fr. | 50 |
| La Suisse et le duché de Bade........... | 2 fr. | 50 |
| Bruxelles............................. | 2 fr. | » |

# CORTAMBERT (Richard).

**Impressions d'un Japonais en France.** 1 vol. in-18 jés. 1 fr.

**Aventures d'un Artiste dans le Liban.** 1 vol.... 3 fr.

# CRAMPON.

**La Bourse,** guide du spéculateur. 1 vol............... 3 fr.

# DAURIAC.

**La Télégraphie électrique,** son histoire, ses applications en France et à l'étranger, suivie d'un tableau des tarifs internationaux et d'un manuel pratique de l'expéditeur de dépêches. 1 vol. in-18 jésus..................................... 1 fr. 50

## DELVAU.

**Françoise.** 1 joli volume in-32 jésus, avec une eau-forte de
Thérond.................................................... 1 fr. 50

Il a été tiré de ce livre 22 exemplaires numérotés, sur papiers de Chine et de
Hollande.

**Le Fumier d'Ennius.** 1 vol. in-18 jésus, avec une eau-forte.
3 fr.

Il a été tiré de ce livre deux exemplaires sur papier de Hollande à 8 fr.

## DESCODECA DE BOISSE.

**Louis de France** (Louis XVII), poëme épisodique suivi de
documents historiques et justificatifs. 1 beau volume in-8°, imprimé à l'Imprimerie Impériale..................... 7 fr. 50

## DESLYS (Charles).

**Les bottes vernies de Cendrillon.** 1 vol......... 3 fr.

## DUSOLIER (Alcide).

**Nos Gens de lettres,** *critiques et portraits littéraires.* 1 vol.
in-18 jésus............................................ 1 fr.

## EMMANUEL.

**De la Madeleine à la Bastille,** vaudeville en un acte.
1 fr.

## ÉNAULT (Étienne).

**Scènes dramatiques du mariage.** 1 vol. in-18 jésus. 3 fr.

## FEUTRÉ (Angély).

**Une Voix inconnue.** 1 volume................... 2 fr. 50

## GAGNEUR.

**La Croisade noire.** 1 fort volume in-18 jésus....... 3 fr. 50

## GONZALÈS (Emmanuel).

**Les Sabotiers de la forêt Noire.** 1 vol. in-18 jésus, orné
de deux vignettes..................................... 3 fr.

**Les Sept baisers de Buckingham.** 1 vol. in-18 jésus. 3 fr.

## GOURDON DE GENOUILLAC.

**Comment on tue les femmes.** 1 vol. in-18 jésus.... 2 fr.

## GRANGER (Ed.).

**Fables nouvelles.** 1 vol. in-18 jésus................. 1 fr.

## GRAVILLON (Arthur de).

**A propos de bottes.** 1 vol. in-8, avec 85 vignettes et une eau-
forte........................................... 3 fr.

**J'aime les morts.** 1 vol. imprimé par Perrin, de Lyon. 6 fr.

**Brochure sur la tolérance...................... 1 fr.

## HOCQUART.

**Le Vétérinaire pratique,** traitant des soins à donner aux
chevaux, aux bœufs, aux moutons, aux chiens, et en général à
tous les animaux de basse-cour ; 6e édit., revue et augmentée. 3 fr.

## KOCK (Henry de).

**Les Mémoires d'un cabotin.** 1 vol., avec 3 grav.... 3 fr.

**La Voleuse d'amour.** 1 vol., avec 5 grav........... 3 fr.

**Les Accapareuses.** 1 vol., avec 2 grav............. 3 fr.

**La Nouvelle Manon.** 1 vol., avec une eau-forte....... 3 fr.

**L'Amour bossu.** 1 vol., avec une eau-forte........... 3 fr

**Les Petites Chattes de ces Messieurs.** 1 vol. in-18
jésus, avec une gravure.............................. 1 fr.

**Guide de l'amoureux à Paris.** 1 vol. avec une vign. 3 fr.

**Le Roman d'une femme pâle.** 1 vol., avec une eau-forte
de F. Hillemacher.................................... 3 fr.

## LAMARTINE.

**Recueillements poétiques.** 1 vol. in-8........... 1 fr. 50
    —        —   1 vol. in-18 jésus..... 1 fr.

## LARCHER.

**Un dernier mot sur les femmes.** 1 vol. in-32 jésus. 0 fr. 75

## LEFEUVE.

**Les anciennes Maisons de Paris sous Napoléon III,**

60 livraisons réunies en quatre beaux vol. suivis d'une table de concordance.................................................... 20 fr.

Tome V<sup>e</sup>, formant le complément et la fin de l'ouvrage.... 5 fr.

## LÉO (ANDRÉ).

**Un Mariage scandaleux.** 1 volume................... 3 fr.

**Une vieille Fille.** 1 vol. in-18 jésus, avec une vignette.  2 fr.

**Les deux Filles de M. Plichon.** 1 vol............: 3 fr.

**Jacques Galéron.** 1 vol....................... 1 fr. 50.

**Observations d'une mère de famille à M. Duruy.** Brochure in-8.................................... 1 fr.

## LÉO LESPÈS (TIMOTHÉE TRIMM).

**Avant de souffler sa bougie.** 1 vol. in-18 jésus...... 3 fr.

**Les Tentations d'Antoinette.** 1 vol. (*Sous presse.*)

## LESCURE (M. DE).

**Les Amours de Henri IV.** 1 beau et fort vol. in-18 jésus, orné de quatre beaux portraits historiques, dessinés par Boullay et Eug. Forest, d'après des originaux du temps........... 4 fr.

Il a été tiré de ce livre cent exemplaires de luxe numérotés Il reste à vendre seulement quelques exemplaires sur vélin, à 8 fr.

**Les Amours de François I<sup>er</sup>.** 1 vol. avec une eau-forte.  3 fr.

Il a été tiré de ce livre dix exemplaires numérotés (1 à 10) sur chine, à 20 fr.; dix (11 à 20) sur papier de Hollande, à 13 fr.; quarante (21 à 60) sur beau jésus vélin, à 6 fr.

## LOTHIAN (MARQUIS DE).

**La Question américaine.** 1 vol. in-8 ............... 6 fr.

## MALO (CH.).

**Femmes et Fleurs,** rose à douze feuilles, *petites photographies badines.* 1 très-joli volume in-32 jésus............... 1 fr. 50.

## MARANCOUR (DE).

**Rien ne va plus. La Rouge et la Noire.** 1 vol. in-18 jésus...................................................... 3 fr.

**Confessions d'un commis-voyageur.................** 3 fr.

## MARX (Adrien).

**Voyage autour du cœur.** 1 vol. (*Sous presse.*)

## MIE D'AGHONE.

**Le mariage d'Annette.** 1 vol..................... 3 fr.

## MINORET (Eugène).

**L'Oraison dominicale.** 1 vol. in-32 jésus, imprimé avec luxe
par Perrin, de Lyon.............................. 4 fr.

## MOLÉRI.

**La Terre promise.** 1 vol. (*Sous presse*)............... 3 fr.

## MOLIÈRE.

Nouvelle édition imprimée par Perrin, de Lyon, avec une eau-
forte en tête de chaque acte. 6 vol. à 20 fr. chaque.

## MONSELET (Ch.).

**De Montmartre à Séville.** 1 vol.................. 3 fr.

## MONTEMERLI (Comtesse Marie).

**Entre deux Femmes.** 1 vol. in-18 jésus............. 3 fr.

## NADAUD.

**Chansons;** nouvelle édition contenant toutes les nouvelles chansons. 1 vol. in-18 jésus........................... 4 fr.

## OLLIVIER (Raoul).

**Séduction.** 1 vol. in-18 jésus..................... 1 fr.

## PAUL (Adrien).

**Les finesses de d'Argenson.** 1 vol. in-18 jésus, orné de
deux vignettes sur bois........................... 1 fr.

## PAYA.

**Les Cachots du Pape,** 2e édition. 1 vol. in-18 jésus.. 1 fr.

## PIC (Ulysse).

**Lettres gauloises.** 1 vol. in-18 jésus............... 3 fr.

## POUPIN (Victor).

**Un Chevalier d'amour.** 1 vol. in-18 Jésus............ 3 fr.

## PRUDHOMME SULLY.

**Stances et poëmes.** 1 volume de poésies ............ 3 fr.

## RATAZZI (Mme, née de Solms).

**Les Soirées d'Aix-les-Bains.** 1 vol................ 3 fr.

## RÉAL (Antony).

**Les Francs-Routiers.** 1 vol...................... 1 fr.

## ROUSSELON.

**Le Jardinier pratique.** 1 fort vol. in-18 jésus de 536 pages,
avec 200 vignettes..................................... 3 fr.

## SÉGALAS (Mme Anaïs).

**Les Mystères de la maison.** 1 vol. in-18 jésus........ 3 fr.

## VALÈS (Jules).

**Les Réfractaires.**................................ 3 fr.

## WAILLY (Jules de).

**La Vierge folle.** 1 vol. in-18 jésus.................. 3 fr.

---

M. Faure expédiera ses publications en compte à MM. les libraires qui lui
en feront la demande, avec faculté de retour et d'échange, et prendra note,
s'ils le désirent, de leur adresser ses nouveautés d'office.

---

Pour recevoir *franco* par la poste l'un des ouvrages in-
diqués sur le présent Catalogue, il suffit d'en envoyer le
montant en une valeur sur Paris ou en timbres-poste

à M. ACHILLE FAURE, Libraire, boulevard Saint-Martin, 23, à Paris.

Remises exceptionnelles et très-avantageuses
pour tous les libraires.